U1011830

中华人民共和国爱国主义教育法

中国法制出版社

图书在版编目（CIP）数据

中华人民共和国爱国主义教育法／中国法制出版社编．—北京：中国法制出版社，2023．10
ISBN 978-7-5216-3950-6

Ⅰ．①中… Ⅱ．①中… Ⅲ．①爱国主义教育法-中国
Ⅳ．①D922．16

中国国家版本馆 CIP 数据核字（2023）第 200078 号

中华人民共和国爱国主义教育法
ZHONGHUA RENMIN GONGHEGUO AIGUO ZHUYI JIAOYUFA

经销/新华书店
印刷/河北华商印刷有限公司
开本/880 毫米×1230 毫米　64 开　　印张/0．75　字数/13 千
版次/2023 年 10 月第 1 版　　2023 年 10 月第 1 次印刷

中国法制出版社出版
书号 ISBN 978-7-5216-3950-6　　定价：4．00 元

北京市西城区西便门西里甲 16 号西便门办公区
邮政编码：100053　　传真：010-63141600
网址：http：//www.zgfzs.com　　编辑部电话：010-63141673
市场营销部电话：010-63141612　　印务部电话：010-63141606

（如有印装质量问题，请与本社印务部联系。）

目　录

中华人民共和国主席令

第十三号

《中华人民共和国爱国主义教育法》已由中华人民共和国第十四届全国人民代表大会常务委员会第六次会议于 2023 年 10 月 24 日通过，现予公布，自 2024 年 1 月 1 日起施行。

中华人民共和国主席　习近平

2023 年 10 月 24 日

中华人民共和国
爱国主义教育法

（2023 年 10 月 24 日第十四届全国人民代表大会常务委员会第六次会议通过）

目　　录

第一章　总　则

第一条　为了加强新时代爱国主义教育，传承和弘扬爱国主义精神，凝聚全面建设社会主义现代化国家、全面推进中华民族伟大复兴的磅礴力量，根据宪法，制定本法。

第二条　中国是世界上历史最悠久的国家之一，中国各族人民共同创造了光辉灿烂的文化、共同缔造了统一的多民族国家。国家在全体人民中开展爱国主义教育，培育和增进对中华民族和伟大祖国的情感，传承民族精神、增强国家观念，壮大和团结一切爱国力量，使爱国主义成为全体人民的坚定信念、精神力量和自觉行动。

第三条　爱国主义教育应当高举中国特色社会主义伟大旗帜，坚持以马克思列宁主义、毛泽东思想、邓小平理论、“三个代表”重要思想、科学发展观、习近平新时代中国特色社会主义思想为指导，坚持爱国和爱党、爱社会主义相统一，以维护国家统一和民族团结为着力点，把全面建成社会主义现代化强国、实现中华民族伟大复兴作为鲜明主题。

第四条 爱国主义教育坚持中国共产党的领导，健全统一领导、齐抓共管、各方参与、共同推进的工作格局。

第五条 爱国主义教育应当坚持思想引领、文化涵育，教育引导、实践养成，主题鲜明、融入日常，因地制宜、注重实效。

第六条 爱国主义教育的主要内容是：

（一）马克思列宁主义、毛泽东思想、邓小平理论、“三个代表”重要思想、科学发展观、习近平新时代中国特色社会主义思想；

（二）中国共产党史、新中国史、改革开放史、社会主义发展史、中华民族发展史；

（三）中国特色社会主义制度，中国共产党带领人民团结奋斗的重大成就、历史经验和生动实践；

（四）中华优秀传统文化、革命文化、社会主义先进文化；

（五）国旗、国歌、国徽等国家象征和标志；

（六）祖国的壮美河山和历史文化遗产；

（七）宪法和法律，国家统一和民族团结、国家安全和国防等方面的意识和观念；

（八）英雄烈士和先进模范人物的事迹及体现的民族精神、时代精神；

（九）其他富有爱国主义精神的内容。

第七条 国家开展铸牢中华民族共同体

意识教育，促进各民族交往交流交融，增进对伟大祖国、中华民族、中华文化、中国共产党、中国特色社会主义的认同，构筑中华民族共有精神家园。

第八条 爱国主义教育应当坚持传承和发展中华优秀传统文化，弘扬社会主义核心价值观，推进中国特色社会主义文化建设，坚定文化自信，建设中华民族现代文明。

第九条 爱国主义教育应当把弘扬爱国主义精神与扩大对外开放结合起来，坚持理性、包容、开放，尊重各国历史特点和文化传统，借鉴吸收人类一切优秀文明成果。

第十条 在每年10月1日中华人民共和国国庆日，国家和社会各方面举行多种形式的庆祝活动，集中开展爱国主义教育。

第二章　职 责 任 务

第十一条　中央爱国主义教育主管部门负责全国爱国主义教育工作的指导、监督和统筹协调。

中央和国家机关各部门在各自职责范围内，组织开展爱国主义教育工作。

第十二条　地方爱国主义教育主管部门负责本地区爱国主义教育工作的指导、监督和统筹协调。

县级以上地方人民政府教育行政部门应当加强对学校爱国主义教育的组织、协调、指导和监督。县级以上地方文化和旅游、新闻出版、广播电视、电影、网信、文物等部门和其他有关部门应当在各自职责范围内，开展爱国主义教育工作。

中国人民解放军、中国人民武装警察部队依照本法和中央军事委员会的有关规定开展爱国主义教育工作，并充分利用自身资源面向社会开展爱国主义教育。

第十三条 工会、共产主义青年团、妇女联合会、工商业联合会、文学艺术界联合会、作家协会、科学技术协会、归国华侨联合会、台湾同胞联谊会、残疾人联合会、青年联合会和其他群团组织，应当发挥各自优势，面向所联系的领域和群体开展爱国主义教育。

第十四条 国家采取多种形式开展法治宣传教育、国家安全和国防教育，增强公民的法治意识、国家安全和国防观念，引导公民自觉履行维护国家统一和民族团结，维护国家安全、荣誉和利益的义务。

第十五条 国家将爱国主义教育纳入国

民教育体系。各级各类学校应当将爱国主义教育贯穿学校教育全过程，办好、讲好思想政治理论课，并将爱国主义教育内容融入各类学科和教材中。

各级各类学校和其他教育机构应当按照国家规定建立爱国主义教育相关课程联动机制，针对各年龄段学生特点，确定爱国主义教育的重点内容，采取丰富适宜的教学方式，增强爱国主义教育的针对性、系统性和亲和力、感染力。

第十六条　各级各类学校应当将课堂教学与课外实践和体验相结合，把爱国主义教育内容融入校园文化建设和学校各类主题活动，组织学生参观爱国主义教育基地等场馆设施，参加爱国主义教育校外实践活动。

第十七条　未成年人的父母或者其他监护人应当把热爱祖国融入家庭教育，支持、配合学校开展爱国主义教育教学活动，引导、鼓励未成年人参加爱国主义教育社会活动。

第十八条 国家机关应当加强对公职人员的爱国主义教育，发挥公职人员在忠于国家、为国奉献，维护国家统一、促进民族团结，维护国家安全、荣誉和利益方面的模范带头作用。

第十九条 企业事业单位应当将爱国主义教育列入本单位教育计划，大力弘扬劳模精神、劳动精神、工匠精神，结合经营管理、业务培训、文化体育等活动，开展爱国主义教育。

教育、科技、文化、卫生、体育等事业单位应当大力弘扬科学家精神和专业精神，宣传和培育知识分子、专业技术人员、运动员等胸怀祖国、服务人民、为国争光的爱国情感和爱国行为。

第二十条 基层人民政府和基层群众性自治组织应当把爱国主义教育融入社会主义精神文明建设活动，在市民公约、村规民约中体现爱国主义精神，鼓励和支持开展以爱国主义为主题的群众性文化、体育等活动。

第二十一条 行业协会商会等社会团体应当把爱国主义精神体现在团体章程、行业规范中，根据本团体本行业特点开展爱国主义教育，培育会员的爱国热情和社会担当，发挥会员中公众人物和有社会影响力人士的示范作用。

第二十二条 国家鼓励和支持宗教团体、宗教院校、宗教活动场所开展爱国主义教育，增强宗教教职人员和信教群众的国家意识、公民意识、法治意识和爱国情感，引导宗教与社会主义社会相适应。

第二十三条 国家采取措施开展历史文

化教育和“一国两制”实践教育，增强香港特别行政区同胞、澳门特别行政区同胞的爱国精神，自觉维护国家主权、统一和领土完整。

国家加强对推进祖国统一方针政策的宣传教育，增强包括台湾同胞在内的全中国人民对完成祖国统一大业神圣职责的认识，依法保护台湾同胞的权利和利益，坚决反对“台独”分裂行径，维护中华民族的根本利益。

国家加强与海外侨胞的交流，做好权益保障和服务工作，增进海外侨胞爱国情怀，弘扬爱国传统。

第三章　实施措施

第二十四条　中央和省级爱国主义教育

主管部门应当加强对爱国主义教育工作的统筹，指导推动有关部门和单位创新爱国主义教育方式，充分利用各类爱国主义教育资源和平台载体，推进爱国主义教育有效实施。

第二十五条 县级以上人民政府应当加强对红色资源的保护、管理和利用，发掘具有历史价值、纪念意义的红色资源，推动红色旅游融合发展示范区建设，发挥红色资源教育功能，传承爱国主义精神。

县级以上人民政府文化和旅游、住房城乡建设、文物等部门应当加强对文物古迹、传统村落、传统技艺等历史文化遗产的保护和利用，发掘所蕴含的爱国主义精神，推进文化和旅游深度融合发展，引导公民在游览观光中领略壮美河山，感受悠久历史和灿烂文化，激发爱国热情。

第二十六条 爱国主义教育基地应当加

强内容建设，丰富展览展示方式，打造精品陈列，为国家机关、企业事业单位、社会组织、公民开展爱国主义教育活动和参观学习提供便利服务，发挥爱国主义教育功能。

各类博物馆、纪念馆、图书馆、科技馆、文化馆、美术馆、新时代文明实践中心等，应当充分利用自身资源和优势，通过宣传展示、体验实践等方式，开展爱国主义教育活动。

第二十七条 国家通过功勋荣誉表彰制度，褒奖在强国建设、民族复兴中做出突出贡献的人士，弘扬以爱国主义为核心的民族精神和以改革创新为核心的时代精神。

第二十八条 在中国人民抗日战争胜利纪念日、烈士纪念日、南京大屠杀死难者国家公祭日和其他重要纪念日，县级以上人民政府应当组织开展纪念活动，举行敬献花篮、瞻仰纪念设施、祭扫烈士墓、公祭等纪念仪式。

第二十九条 在春节、元宵节、清明节、端午节、中秋节和元旦、国际妇女节、国际劳动节、青年节、国际儿童节、中国农民丰收节及其他重要节日，组织开展各具特色的民俗文化活动、纪念庆祝活动，增进家国情怀。

第三十条 组织举办重大庆祝、纪念活动和大型文化体育活动、展览会，应当依法举行庄严、隆重的升挂国旗、奏唱国歌仪式。

依法公开举行宪法宣誓、军人和预备役人员服役宣誓等仪式时，应当在宣誓场所悬挂国旗、奏唱国歌，誓词应当体现爱国主义精神。

第三十一条 广播电台、电视台、报刊出版单位等应当创新宣传报道方式，通过制作、播放、刊登爱国主义题材的优秀作品，开设专题专栏，加强新闻报道，发布公益广告等方式，生动讲好爱国故事，弘扬爱国主义精神。

第三十二条 网络信息服务提供者应当加强网络爱国主义教育内容建设，制作、传播体现爱国主义精神的网络信息和作品，开发、运用新平台新技术新产品，生动开展网上爱国主义教育活动。

第四章 支持保障

第三十三条 国家鼓励和支持企业事业单位、社会组织和公民依法开展爱国主义教育活动。

国家支持开展爱国主义教育理论研究，加强多层次专业人才的教育和培训。

对在爱国主义教育工作中做出突出贡献的单位和个人，按照国家有关规定给予表彰和奖励。

第三十四条 中央爱国主义教育主管部门建立健全爱国主义教育基地的认定、保护、管理制度，制定爱国主义教育基地保护利用规划，加强对爱国主义教育基地保护、管理、利用的指导和监督。

各级人民政府应当加强对爱国主义教育基地的规划、建设和管理，完善免费开放制度和保障机制。

第三十五条 国家鼓励和支持创作爱国主义题材的文学、影视、音乐、舞蹈、戏剧、美术、书法等文艺作品，在优秀文艺作品评选、表彰、展览、展演时突出爱国主义导向。

第三十六条 国家鼓励和支持出版体现爱国主义精神的优秀课外读物，鼓励和支持开发体现爱国主义精神的面向青少年和儿童的动漫、音视频产品等。

第三十七条 任何公民和组织都应当弘扬爱国主义精神，自觉维护国家安全、荣誉和利益，不得有下列行为：

（一）侮辱国旗、国歌、国徽或者其他有损国旗、国歌、国徽尊严的行为；

（二）歪曲、丑化、亵渎、否定英雄烈士事迹和精神；

（三）宣扬、美化、否认侵略战争、侵略行为和屠杀惨案；

（四）侵占、破坏、污损爱国主义教育设施；

（五）法律、行政法规禁止的其他行为。

第三十八条 教育、文化和旅游、退役军人事务、新闻出版、广播电视、电影、网信、文物等部门应当按照法定职责，对违反本法第三十七条规定的行为及时予以制止，造成不良社会影响的，应当责令及时消除影响，并依照有关法律、行政法规的规定予以处罚。构成违反治安管理行为的，依法给予治安管理处罚；构成犯罪的，依法追究刑事责任。

第三十九条　负有爱国主义教育职责的部门、单位不依法履行爱国主义教育职责的，对负有责任的领导人员和直接责任人员，依法给予处分。

第五章　附　　则

第四十条　本法自 2024 年 1 月 1 日起施行。

关于《中华人民共和国爱国主义教育法（草案）》的说明

——2023 年 6 月 26 日在第十四届全国人民代表大会常务委员会第三次会议上

全国人大常委会法制工作委员会副主任　许安标

委员长、各位副委员长、秘书长、各位委员：

我受委员长会议委托，作关于《中华人民共和国爱国主义教育法（草案）》的说明。

一、制定本法的必要性和重要意义

爱国主义是中华民族精神的核心，是中国人民和中华民族同心同德、自强不息的精神纽带。习近平总书记深刻指出，爱国主义精神深深植根于中华民族心中，是中华民族的精神基因，维系着华夏大地上各个民族的团结统一，激励着一代又一代中华儿女为祖国发展繁荣而不懈奋斗。中国共产党是爱国主义精神最坚定的弘扬者和实践者。党的十八大以来，以习近平同志为核心的党中央坚持以习近平新时代中国特色社会主义思想凝心铸魂，以爱国主义精神固本培元，推动党和国家事业取得历史性成就、发生历史性变革。制定爱国主义教育法，以法治方式推动和保障新时代爱国主义教育，对于振奋民族精神、凝聚人民力量，推进强国建设、民族复兴，用新的伟大奋斗创造新的伟业，具有十分重大而深远的意义。

（一）制定爱国主义教育法，是贯彻落实习近平总书记重要论述精神和党中央决策部署的重要举措。党的十八大以来，习近平总书记就弘扬爱国主义精神、开展爱国主义教育发表一系列重要论述，作出一系列重要指示批示，提出一系列明确要求。2019 年 11 月党中央印发《新时代爱国主义教育实施纲要》，阐明了爱国主义的科学内涵、本质特征、时代要求和实践要求，对新时代爱国主义教育作出全面部署。党的二十大报告提出，要“深化爱国主义、集体主义、社会主义教育，着力培养担当民族复兴大任的时代新人。”制定爱国主义教育法，将习近平总书记重要指示要求和党中央决策部署转化为全社会一体遵循的法律规范，是保障新时代爱国主义教育广泛深入开展，使爱国主义成为全体人民的坚定信念、精神力量和自觉行动的必然要求。

（二）制定爱国主义教育法，是为实现中华民族伟大复兴提供强大精神动力的重要举措。伟大事业需要伟大精神，伟大精神铸就伟大梦想。今天，我们比历史上任何时期都更接近、更有信心和能力实现中华民族伟大复兴的目标。在全面建设社会主义现代化国家的新征程上，全国各族人民爱国热情空前高涨，实现中华民族伟大复兴信心满满。制定爱国主义教育法，将进一步营造唱响爱国主义主旋律的浓厚社会氛围，激励中华儿女奋进新征程、建功新时代，形成同心共圆中国梦的强大合力。

（三）制定爱国主义教育法，是弘扬和传承中华优秀传统文化的重要举措。中华儿女历来尊崇“精忠报国”、“以身许国”、“位卑未敢忘忧国”、“苟利国家生死以”等爱国行为和精神。爱国主义是中华文明源远流长的血脉基因，是中华优秀传统文化的精华。制定爱国主义教育法，把中华民族历史文化传承同爱国主义教育融合起来，以中华优秀传统文化涵育爱国主义精神，以爱国主义教育弘扬中华优秀传统文化，对赓续中华文明基因，彰显中华民族文化自信自强，促进社会主义文化繁荣发展，具有重要作用。

（四）制定爱国主义教育法，是落实宪法关于开展爱国主义教育、维护国家统一和民族团结等规定的重要举措。宪法明确规定国家在人民中进行爱国主义教育；公民有维护国家统一和全国各民族团结，维护祖国的安全、荣誉和利益的义务。制定爱国主义教育法，全面落实宪法规定，保障和加强爱国主义教育，是巩固和壮大主流意识形态，教育引导公民自觉履行宪法义务，保证国家长治久安的重要举措。

二、立法的指导思想、工作过程和把握的原则

制定爱国主义教育法，必须高举中国特

色社会主义伟大旗帜，以习近平新时代中国特色社会主义思想为指导，全面贯彻党的二十大精神，贯彻落实习近平总书记关于弘扬爱国主义精神、开展爱国主义教育系列重要论述精神，深入总结爱国主义教育实践经验，坚持爱国爱党爱社会主义相统一，把实现中华民族伟大复兴的中国梦作为鲜明主题，对爱国主义教育提出明确要求，为全面推进新时代爱国主义教育、凝聚全体人民团结奋斗的精神力量、全面建设社会主义现代化国家提供有力法治保障。

2022 年 7 月，根据党中央批准的立法工作安排，中央宣传部和全国人大常委会法工委共同牵头启动爱国主义教育法起草工作。法工委牵头组成包括中央宣传部、司法部等中央有关部门在内的工作专班，抓紧研究起草工作。主要开展了以下工作：**一是**深入学习领会习近平总书记关于弘扬爱国主义精神、开展爱国主义教育的重要论述和重要指示批示精神，学习领会党的十八大以来党中央关于爱国主义教育的工作部署。**二是**系统梳理法律法规中有关爱国主义教育的规定，组织专家对爱国主义教育立法有关问题开展专题研究论证。**三是**通过召开座谈会、调研等多种方式，广泛听取中央有关部门、群团组织、省（区、市）人大、基层立法联系点、全国人大代表和专家学者的意见建议。在起草专班工作基础上，法工委经与中央宣传部反复研究修改，形成了爱国主义教育法（草案征求意见稿），征求了36家中央有关部门、部分省级人大常委会和基层立法联系点的意见。各方面普遍认为，草案贯彻落实习近平总书记重要论述精神和党中央决策部署要求，总结新时代爱国主义教育成果经验，把握爱国主义教育特点规律，对爱国主义教育作出规定，符合实际、基本可行。根据各方面意见进一步修改完善后，形成了爱国主义教育法（草案）。

立法工作注意把握以下几点：**一是**坚持鲜明政治导向。爱国主义是与一国文化传统、历史发展和基本国情紧密相联的。我国爱国主义始终围绕着实现人民安康、民族富强而发展，最终汇流于中国共产党领导的为人民谋幸福、为民族谋复兴的中国特色社会主义伟大事业。爱国主义教育立法坚持爱国和爱党爱社会主义相统一这一当代中国爱国主义的根本政治属性和政治方向。**二是**坚持自信自立。坚定道路自信、理论自信、制度自信、文化自信，高扬爱国主义旗帜，坚决反对历史虚无主义；同时坚持立足中国又面向世界，在爱国主义教育中注重借鉴吸收人类优秀文明成果，防止民粹主义等干扰。**三是**把握好立法定位。我国现行教育、文化、国家标志、英雄烈士保护等领域的法律从不同方面对爱国主义教育作出了规定，刑法、国家安全等领域的法律对危害国家主权、安全和荣誉等行为规定了法律责任。爱国主义教育法立足于深入持久有效开展爱国主义教育，着眼凝心聚魂，重在建设、以立为本。**四是**遵循爱国主义教育规律。爱国主义教育是面向全体人民的教育，教育内容丰富，教育形式多样，重点在青少年、基础在学校教育，既要注重教育引导，又要注重实践养成，更需要全社会共同参与、共同推进。爱国主义教育立法应当充分体现和遵循这些规律。

三、草案的主要内容

草案共 5 章 38 条，主要内容包括：

（一）关于爱国主义教育的内涵目标。根据宪法，草案规定：中国是世界上历史最悠久的国家之一，中国各族人民共同创造了光辉灿烂的文化、共同缔造了统一的多民族国家。国家在全体人民中开展爱国主义教育，培育和增进对中华民族和伟大祖国的情感，传承民族精神、增强国家观念，壮大和团结一切爱国力量，使爱国主义成为全体人民的坚定信念、精神力量和自觉行动。

（二）关于爱国主义教育的指导思想和总体要求。草案规定：爱国主义教育应当高举中国特色社会主义伟大旗帜，坚持以马克思列宁主义、毛泽东思想、邓小平理论、“三个代表”重要思想、科学发展观、习近平新时代中国特色社会主义思想为指导。爱国主义教育的总体要求是：坚持爱国和爱党、爱社会主义相统一，以维护祖国统一和民族团结为着力点，把全面建成社会主义现代化强国、实现中华民族伟大复兴作为鲜明主题。

（三）关于爱国主义教育的领导体制和工作原则。草案规定：爱国主义教育坚持中国共产党的领导，健全统一领导、齐抓共管的工作格局。爱国主义教育应当坚持思想引领、文化涵育，教育引导、实践养成，主题鲜明、融入日常，因地制宜、分类施策，各方协同、共同推进。

（四）关于爱国主义教育的内容。爱国主义教育的内容广泛丰富，草案的规定涵盖思想政治、历史文化、国家象征标志、祖国大好河山、国家统一和民族团结、国家安全和国防、英烈和模范人物事迹等各个方面。同时，草案对开展铸牢中华民族共同体意识教育、构筑中华民族共有精神家园作出专门规定，并强调应当把弘扬爱国主义精神与扩大对外开放结合起来。

（五）关于爱国主义教育的部门职责。草案规定：中央和地方爱国主义教育主管部门负责爱国主义教育工作的指导、监督和统筹协调；中央和县级以上地方各部门在各自职责范围内开展爱国主义教育工作；各群团组织发挥各自优势，面向相关群体开展爱国主义教育。

（六）关于爱国主义教育的对象。草案在规定面向全体公民开展爱国主义教育的同时，突出学校和家庭对青少年和儿童的教育，并对公职人员、企业事业单位职工、村居民、代表性人士、教职人员和信教群众、港澳台同胞和海外侨胞等不同群体的爱国主义教育，分别作出针对性规定。

（七）关于爱国主义教育的实施措施。开展爱国主义教育应当采取多种措施并发挥各类实践载体的作用，形成浓厚社会氛围。草案对利用红色资源、文化遗产、爱国主义教育基地和文化场馆等开展爱国主义教育，通过国家功勋荣誉表彰奖励、国庆节和重要纪念日、重大节庆日等活动，通过升挂国旗、奏唱国歌、宪法宣誓等仪式礼仪，通过新闻媒体、网络平台等弘扬爱国主义精神、开展爱国主义教育，分别作出具体规定。

（八）关于爱国主义教育的支持保障。为保障和加强爱国主义教育工作的开展，草案从鼓励组织、个人开展爱国主义教育，支持理论研究和人才培养，对做出突出贡献的单位和个人给予表彰和奖励，加强爱国主义教育基地的保护、管理和利用，支持爱国主义题材的文艺作品和出版物等方面作了规定。同时，与现行有关法律规定相衔接，对违背爱国主义精神的禁止性行为及其法律责任作了规定。

爱国主义教育法草案和以上说明是否妥当，请审议。

全国人民代表大会宪法和法律委员会关于《中华人民共和国爱国主义教育法（草案）》审议结果的报告

全国人民代表大会常务委员会：

常委会第三次会议对爱国主义教育法草案进行了初次审议。会后，法制工作委员会将草案印发中央有关部门、部分地方人大、基层立法联系点、全国人大代表和研究机构等征求意见，在中国人大网全文公布草案征求社会公众意见。宪法和法律委员会、法制工作委员会召开座谈会，听取中央有关部门、部分基层立法联系点、文博单位、全国人大代表和专家学者的意见；到新疆、山西等地调研，听取意见；并就草案的有关问题同有关方面交换意见，共同研究。宪法和法律委员会于10月8日召开会议，根据常委会组成人员审议意见和各方面的意见，对草案进行了逐条审议。中央宣传部有关负责同志列席了会议。10月13日，宪法和法律委员会召开会议，再次进行了审议。宪法和法律委员会认为，为了加强新时代爱国主义教育，传承和弘扬爱国主义精神，凝聚推进强国建设、民族复兴的磅礴力量，制定爱国主义教育法是必要的，草案经过审议修改，已经比较成熟。同时，提出以下主要修改意见：

一、一些常委会组成人员和有关方面建议，进一步充实爱国主义教育的内容。宪法和法律委员会经研究，建议在草案第六条中增加“中国特色社会主义制度”、“历史文化遗产”、“宪法和法律”。

二、有的常委委员和部门建议，进一步完善铸牢中华民族共同体意识教育和宗教方面爱国主义教育的内容。宪法和法律委员会经研究，建议对草案作以下修改：一是在第七条中增加规定：增进对伟大祖国、中华民族、中华文化、中国共产党、中国特色社会主义的认同；二是在第二十一条中增加规定：增强宗教教职人员和信教群众的国家意识、公民意识、法治意识和爱国情感，引导宗教与社会主义社会相适应。

三、有的常委委员和部门建议，贯彻落实习近平总书记在文化传承发展座谈会上的重要讲话精神，增加坚定文化自信方面的内容。宪法和法律委员会经研究，建议增加一条规定：爱国主义教育应当坚持传承和发展中华优秀传统文化，弘扬社会主义核心价值观，推进中国特色社会主义文化建设，坚定文化自信，建设中华民族现代文明。

四、一些常委会组成人员、部门、地方、人大代表和社会公众建议，进一步将爱国主义教育体现在学校教育活动中。宪法和法律委员会经研究，建议在草案有关条款中增加将爱国主义教育内容融入各类教材中，融入校园文化建设，增强爱国主义教育的感染力等内容。

五、有的常委委员和部门建议，将对台湾同胞爱国主义教育的内容单独表述。宪法和法律委员会经研究，建议明确规定：国家加强对推进祖国统一方针政策的宣传教育，增强包括台湾同胞在内的全中国人民对完成祖国统一大业神圣职责的认识，依法保护台湾同胞的权利和利益，坚决反对“台独”分裂行径，维护中华民族的根本利益。

六、根据常委会组成人员和有关方面的意见，宪法和法律委员会经研究，建议对草案作以下充实、完善：一是，在第五条关于爱国主义教育应遵循的原则中强调“注重实效，全民参与”；二是，在第十一条中增加军队充分利用自身资源面向社会开展爱国主义教育的规定；三是，在第十八条中增加宣传和培育运动员等为国争光行为的规定。

七、有的常委会组成人员、地方和社会公众提出，爱国主义教育主管部门应当充分发挥统筹协调职能，加强爱国主义教育的实施。宪法和法律委员会经研究，建议增加一条规定：中央和省级爱国主义教育主管部门应当加强对爱国主义教育工作的统筹，指导推动有关部门和单位创新爱国主义教育方式，充分利用各类资源和平台载体，推进爱国主义教育有效实施。

此外，还对草案作了一些文字修改。

草案二次审议稿已按上述意见作了修改，宪法和法律委员会建议提请本次常委会会议审议通过。

草案二次审议稿和以上报告是否妥当，请审议。

全国人民代表大会宪法和法律委员会

2023 年 10 月 20 日

全国人民代表大会宪法和法律委员会关于《中华人民共和国爱国主义教育法（草案二次审议稿）》修改意见的报告

全国人民代表大会常务委员会：

本次常委会会议于10月20日下午对爱国主义教育法草案二次审议稿进行了分组审议。普遍认为，草案吸收了各方面意见，已经比较成熟，建议进一步修改后，提请本次常委会会议表决通过。同时，有些常委会组成人员和列席人员还提出了一些修改意见和建议。宪法和法律委员会于10月21日下午召开会议，逐条研究了常委会组成人员和列席人员的审议意见，对草案进行了审议。中央宣传部有关负责同志列席了会议。宪法和法律委员会认为，草案是可行的，同时，提出以下修改意见：

一、根据常委会组成人员的审议意见，宪法和法律委员会建议，将草案二次审议稿第四条中的“健全统一领导、齐抓共管的工作格局”修改为“健全统一领导、齐抓共管、各方参与、共同推进的工作格局”。

二、有的常委委员提出，在爱国主义教育中应加强对爱岗敬业精神的宣传，大力弘扬劳模精神、劳动精神、工匠精神。宪法和法律委员会经研究，建议在草案二次审议稿第十九条第一款中增加相应内容。

三、有的常委委员建议，更好发挥非物质文化遗产在爱国主义教育中的作用。宪法和法律委员会经研究，建议在草案二次审议稿第二十五条第二款中增列“传统技艺”，突出非物质文化遗产的教育功能。

四、根据常委会组成人员的审议意见，宪法和法律委员会建议，在草案二次审议稿第十三条所列群团组织中增加“残疾人联合会”，在第二十九条所列重要节日中增加“中国农民丰收节”。

在常委会审议中，一些常委会组成人员还对草案二次审议稿提出了一些完善性的具体修改意见，并建议有关方面加强法律的宣传解读和贯彻实施。宪法和法律委员会研究认为，爱国主义教育涉及面广，内容丰富，形式多样，草案充分体现了鼓励和支持社会各方面采取多种形式开展爱国主义教育的精神，有些建议在有关法律中已有规定，有些在草案有关规定中已包含、体现，有些可在实际工作中进一步细化、明确、创新。建议爱国主义教育主管部门认真研究常委会组成人员的审议意见，加强本法的学习宣传和贯彻实施，加大组织指导力度，推动落实法律规定的职责任务和举措，形成浓厚氛围，推动爱国主义教育工作广泛深入持久有效开展，充分体现立法的效果。

经与有关方面研究，建议将本法的施行时间确定为 2024 年 1 月 1 日。

此外，根据常委会组成人员的审议意见，还对草案二次审议稿作了一些文字修改。

草案修改稿已按上述意见作了修改，宪法和法律委员会建议本次常委会会议审议通过。

草案修改稿和以上报告是否妥当，请审议。

全国人民代表大会宪法和法律委员会

2023 年 10 月 24 日

ISBN 978-7-5216-3950-6